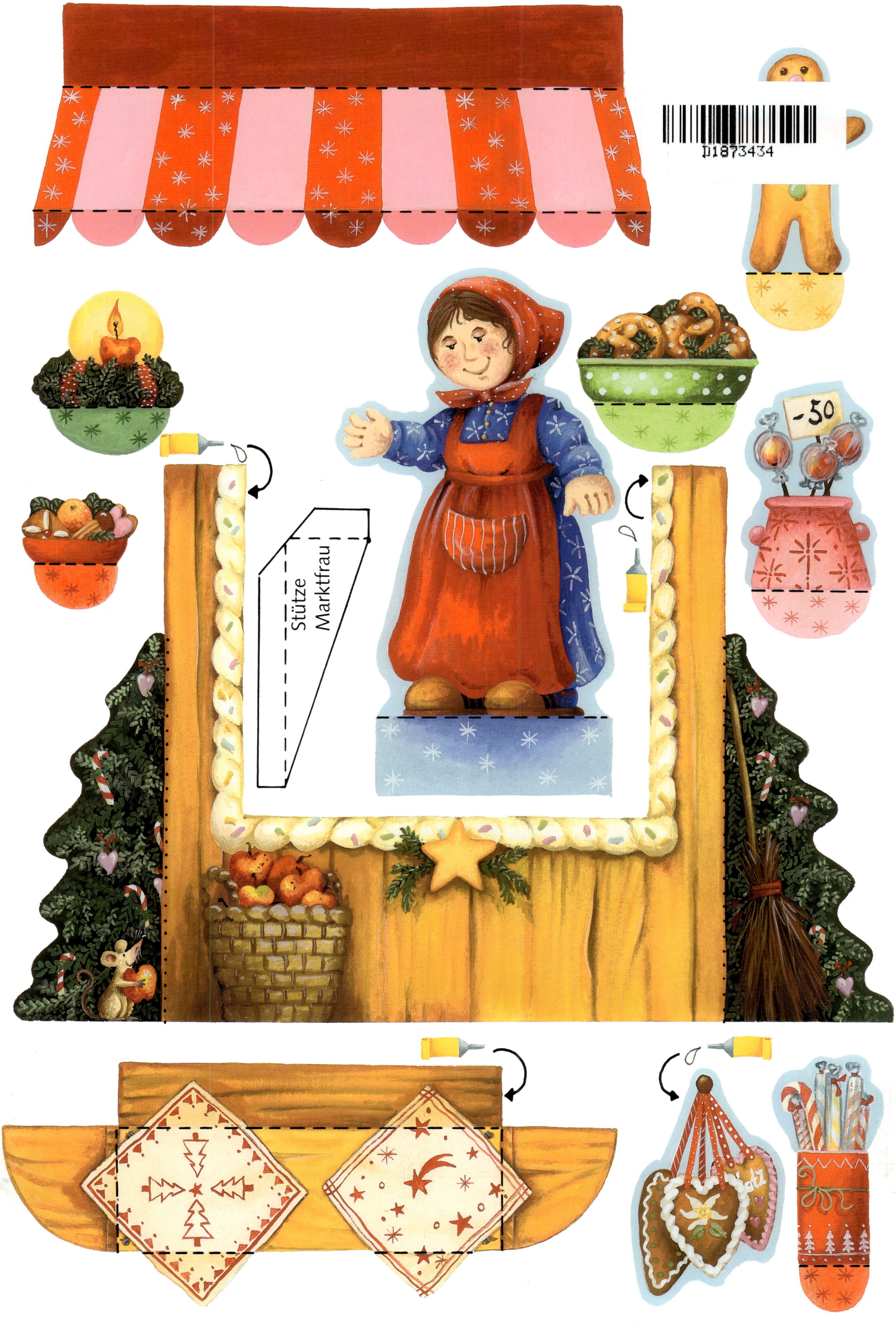
-50
Stütze Marktfrau

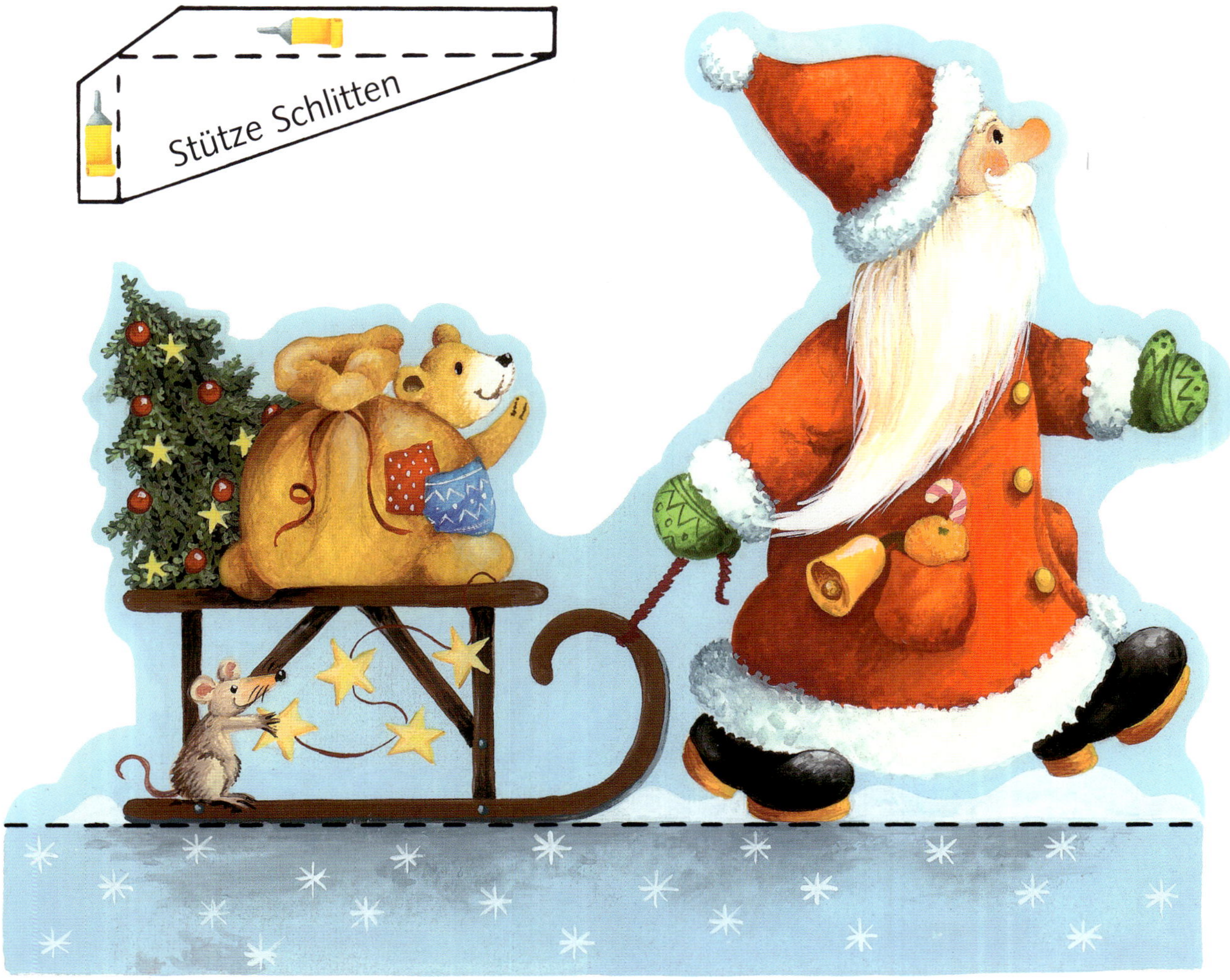
Stütze Schlitten

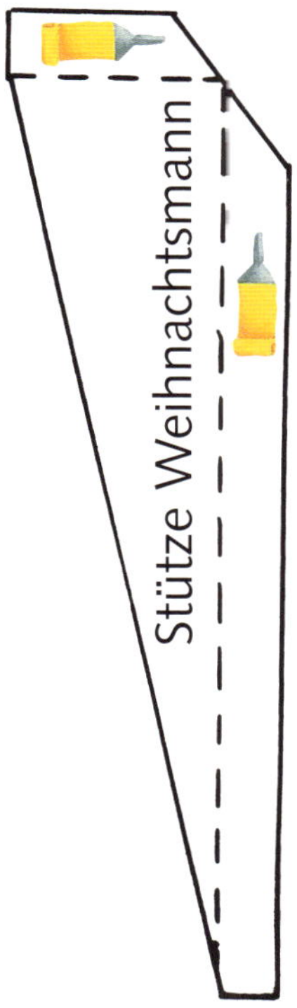
Stütze Weihnachtsmann

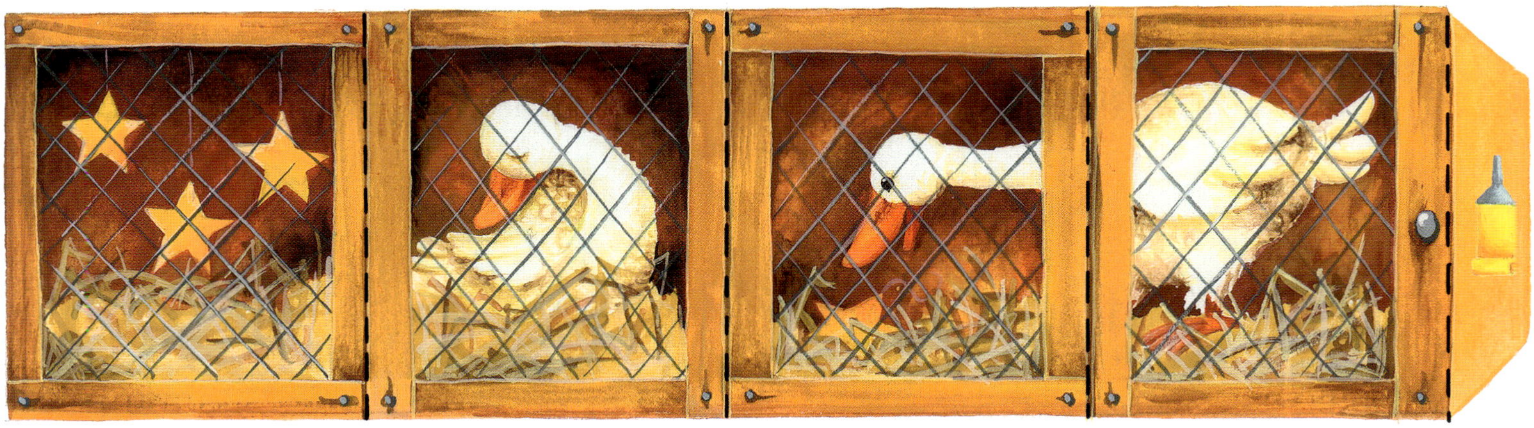

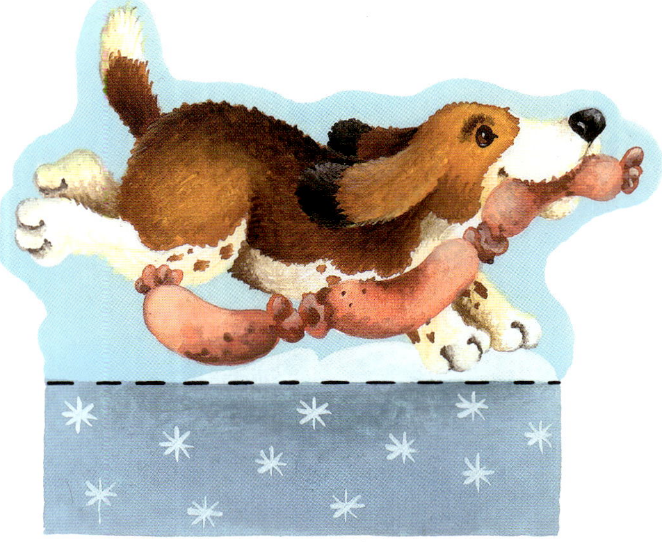

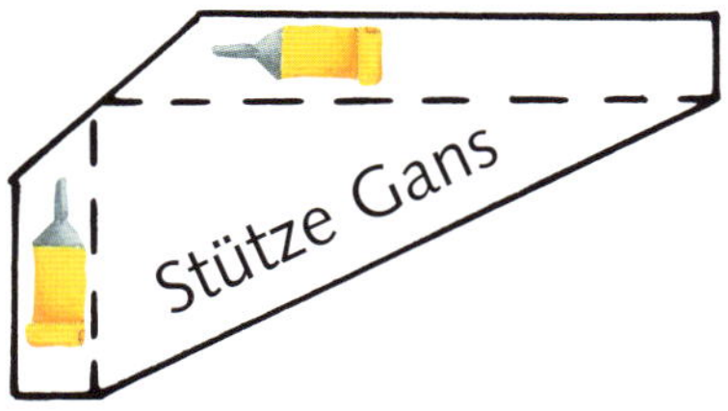
Stütze Gans

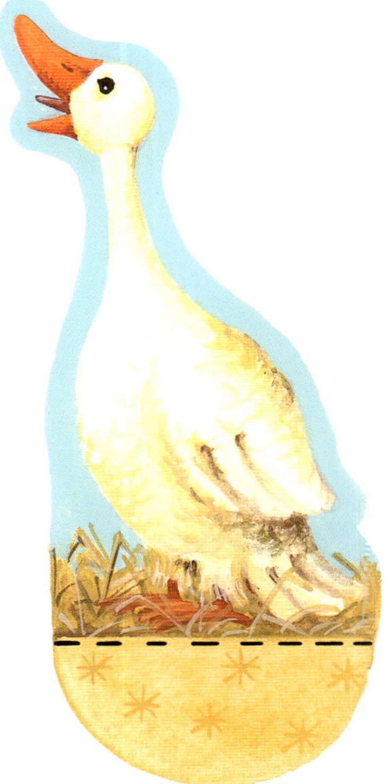

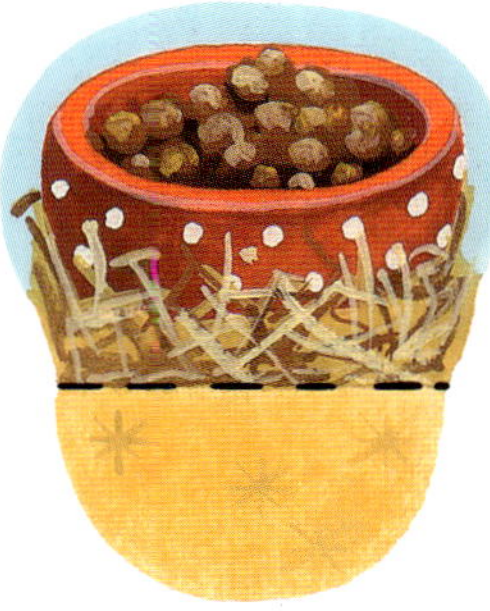

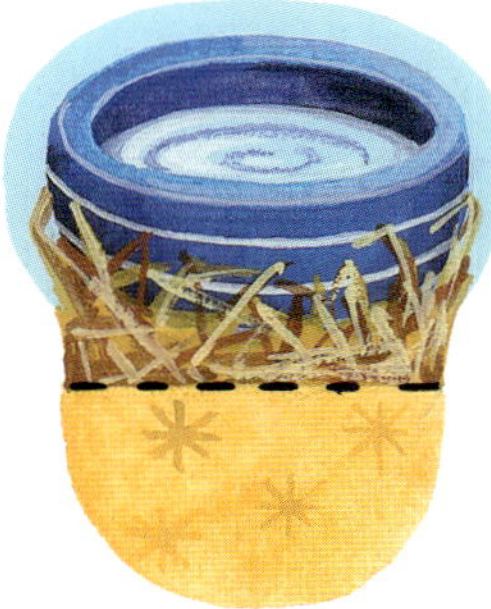

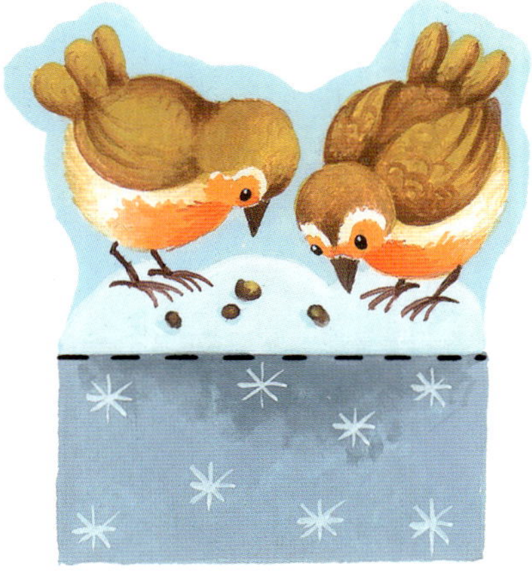

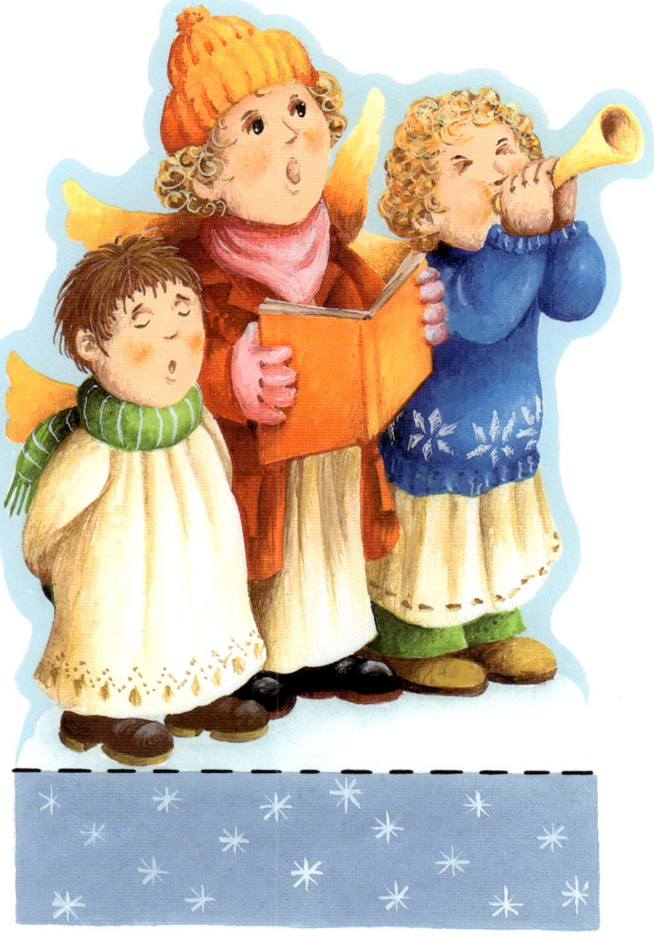

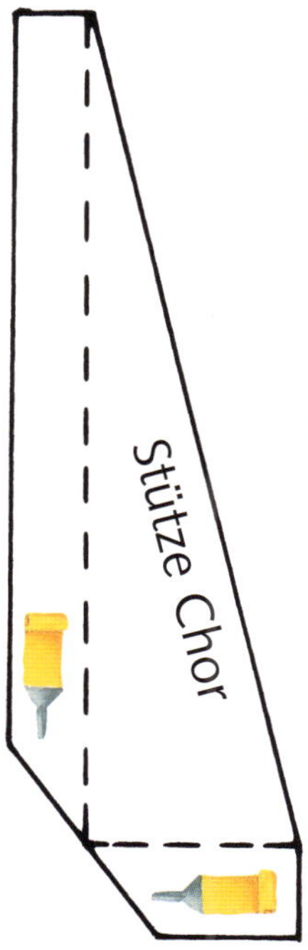
Stütze Chor

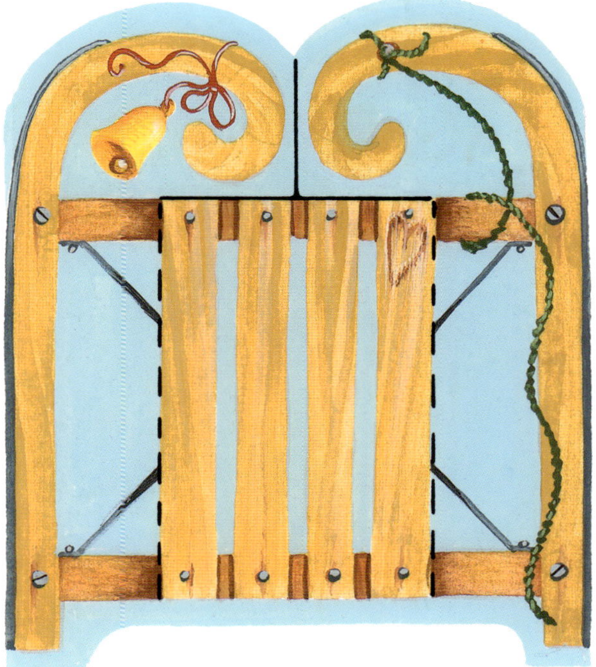

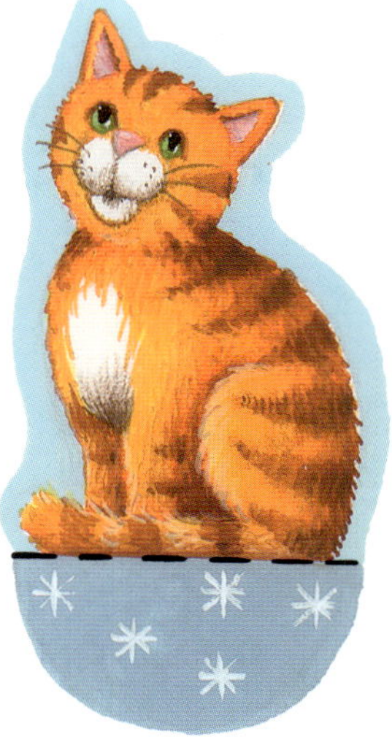

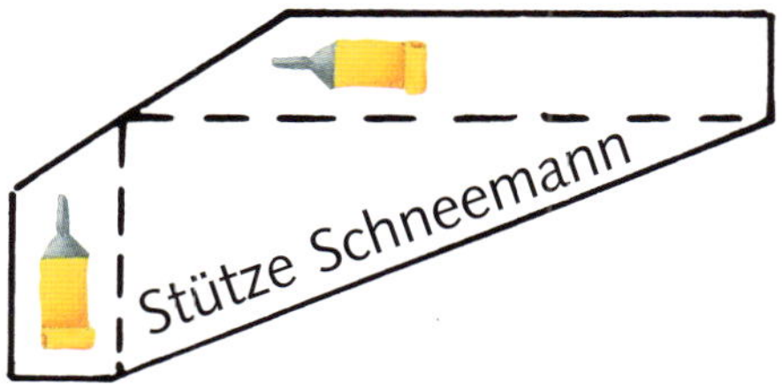
Stütze Schneemann

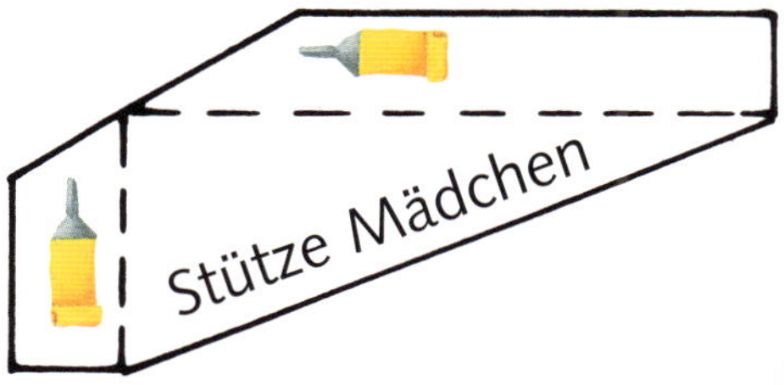
Stütze Mädchen

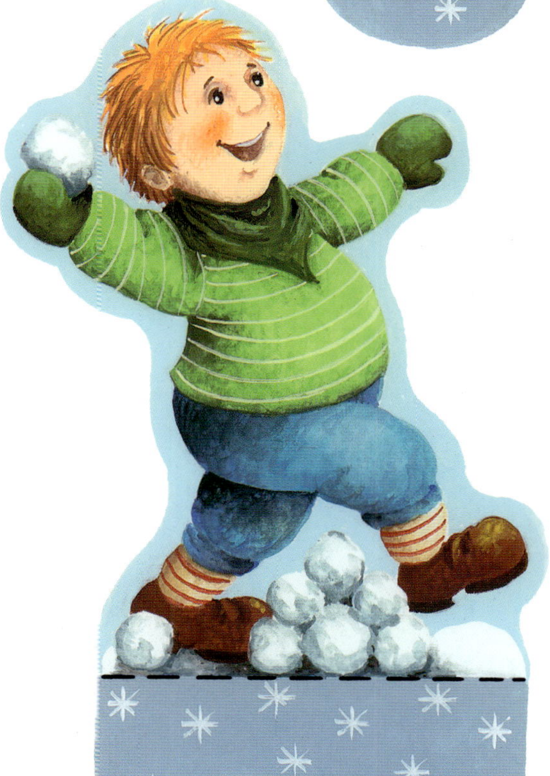

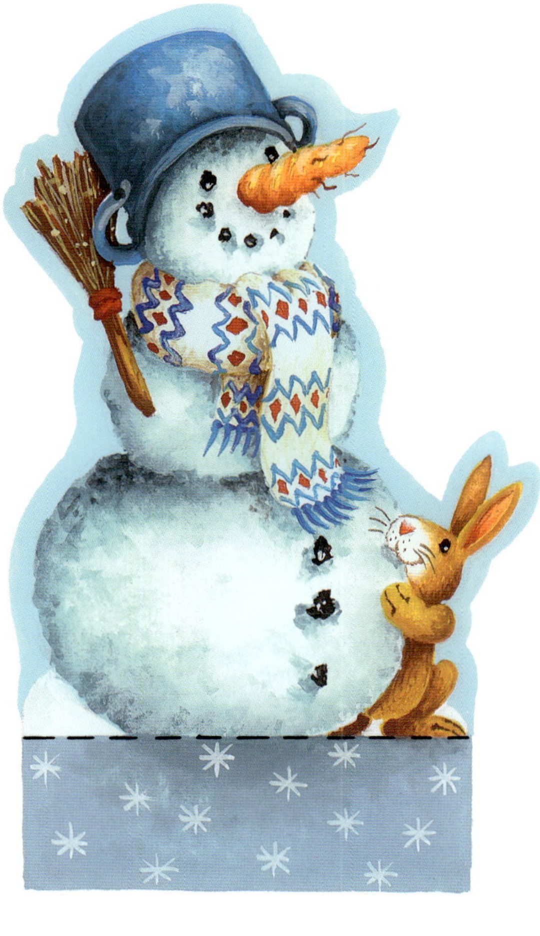

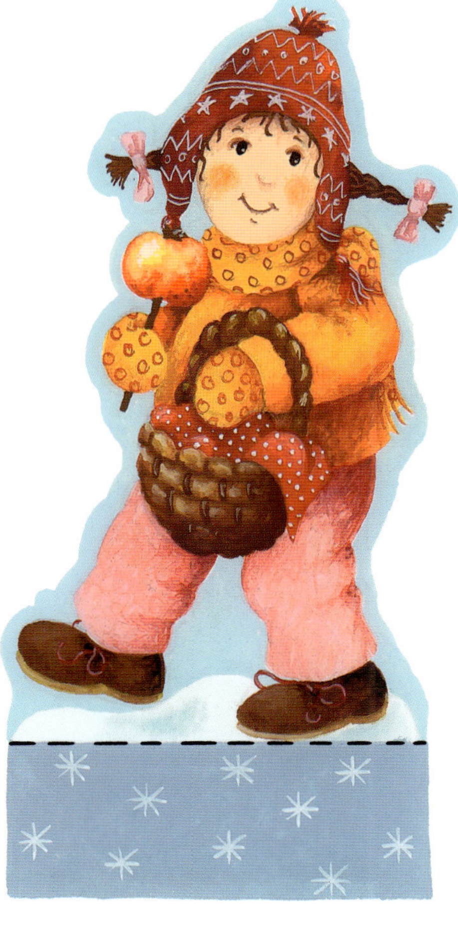

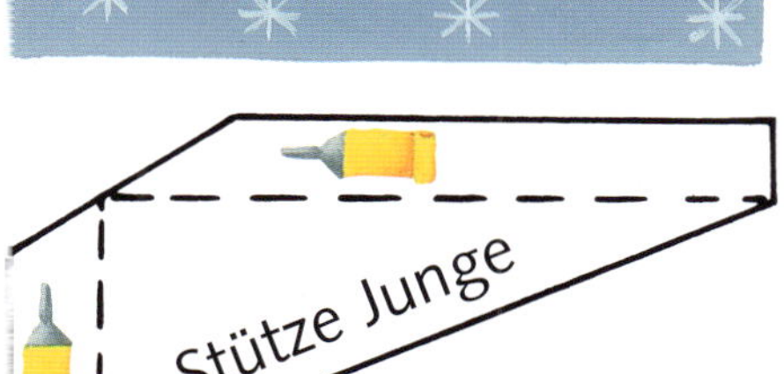
Stütze Junge

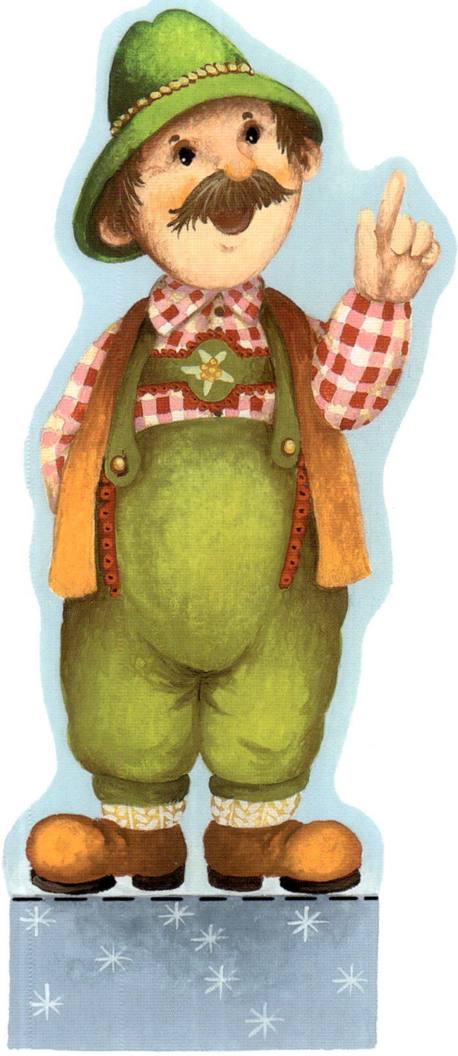

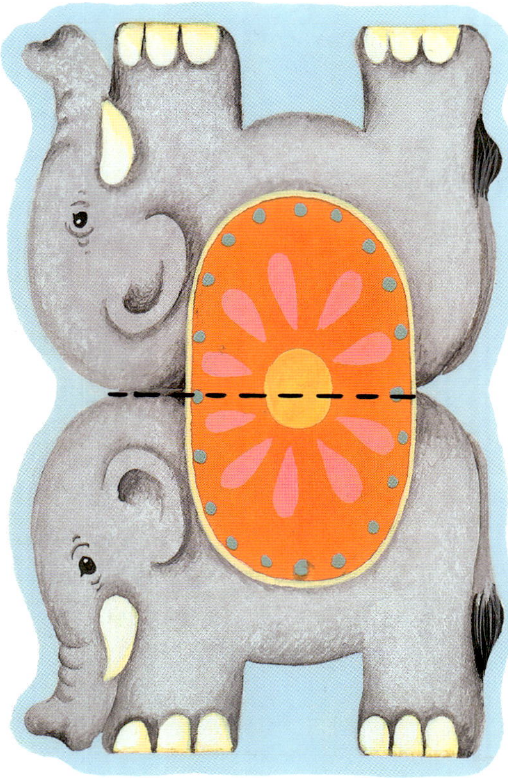

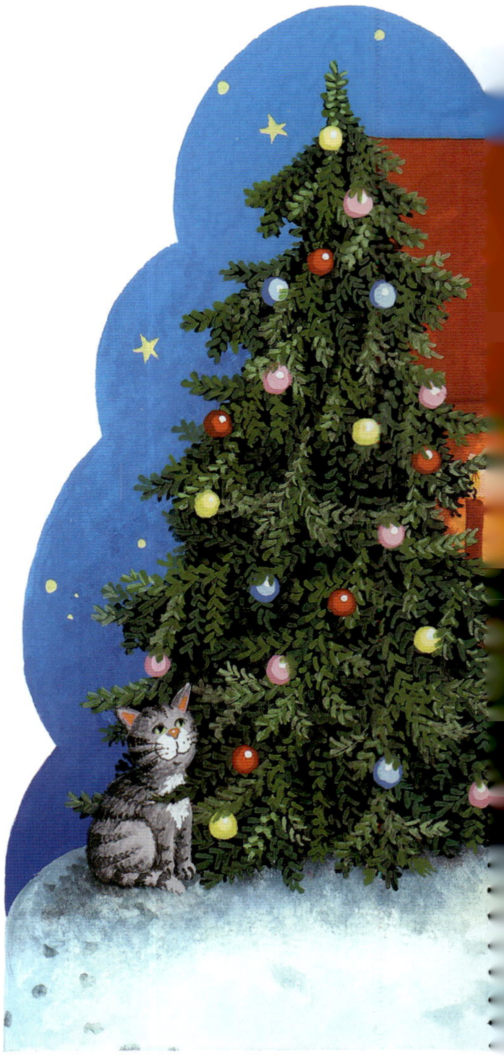

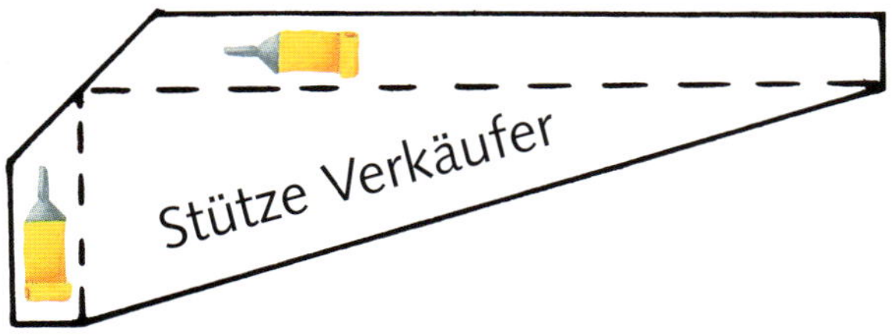
Stütze Verkäufer

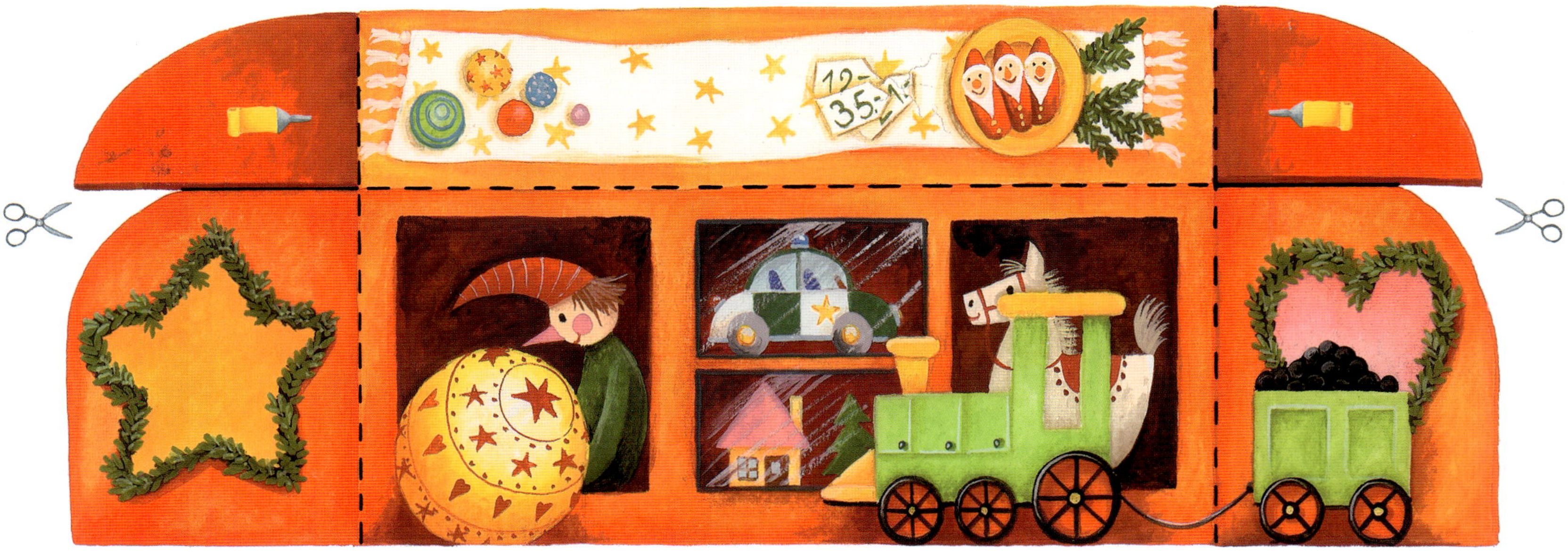

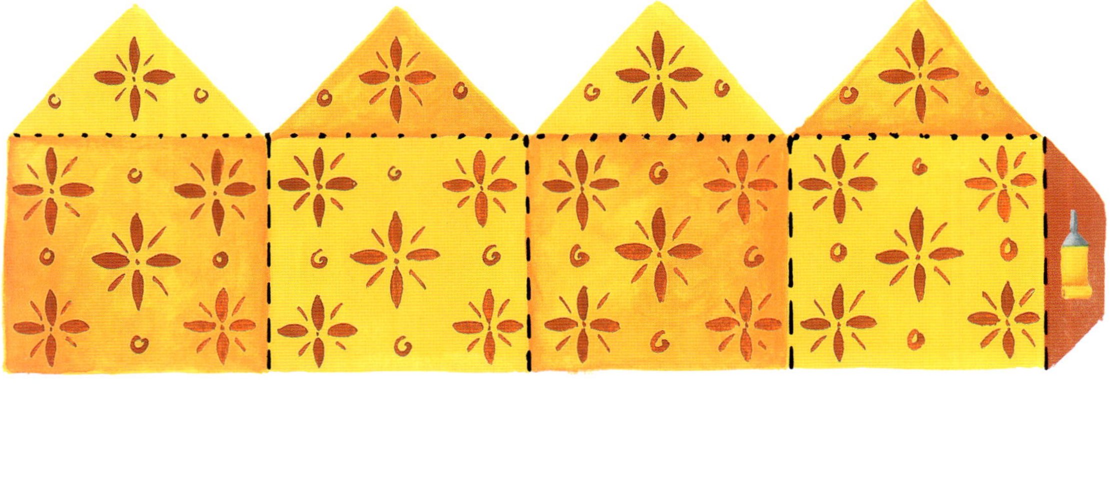

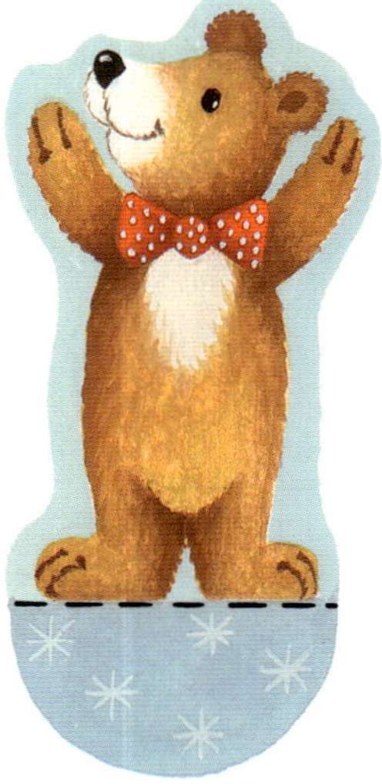

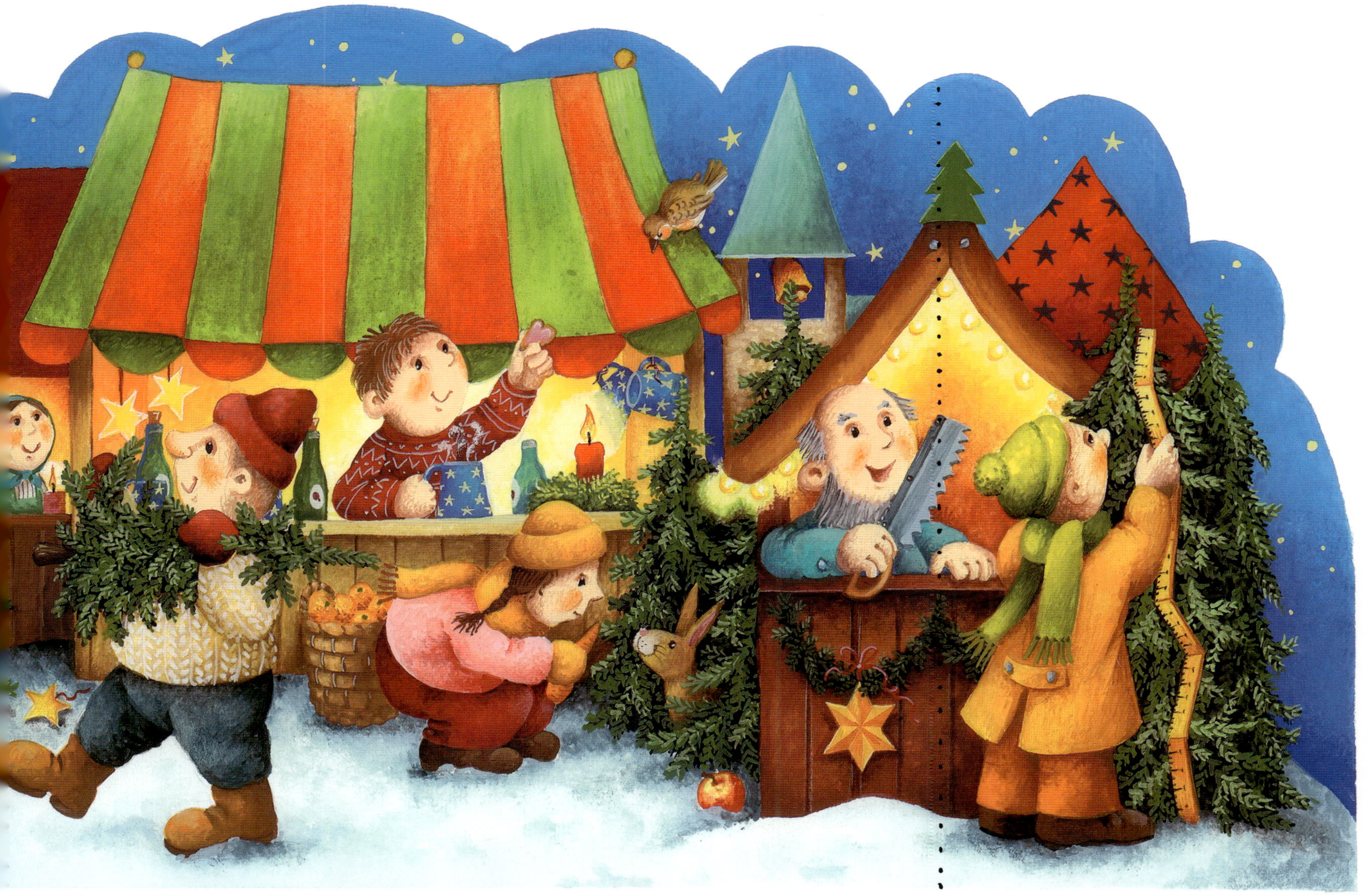

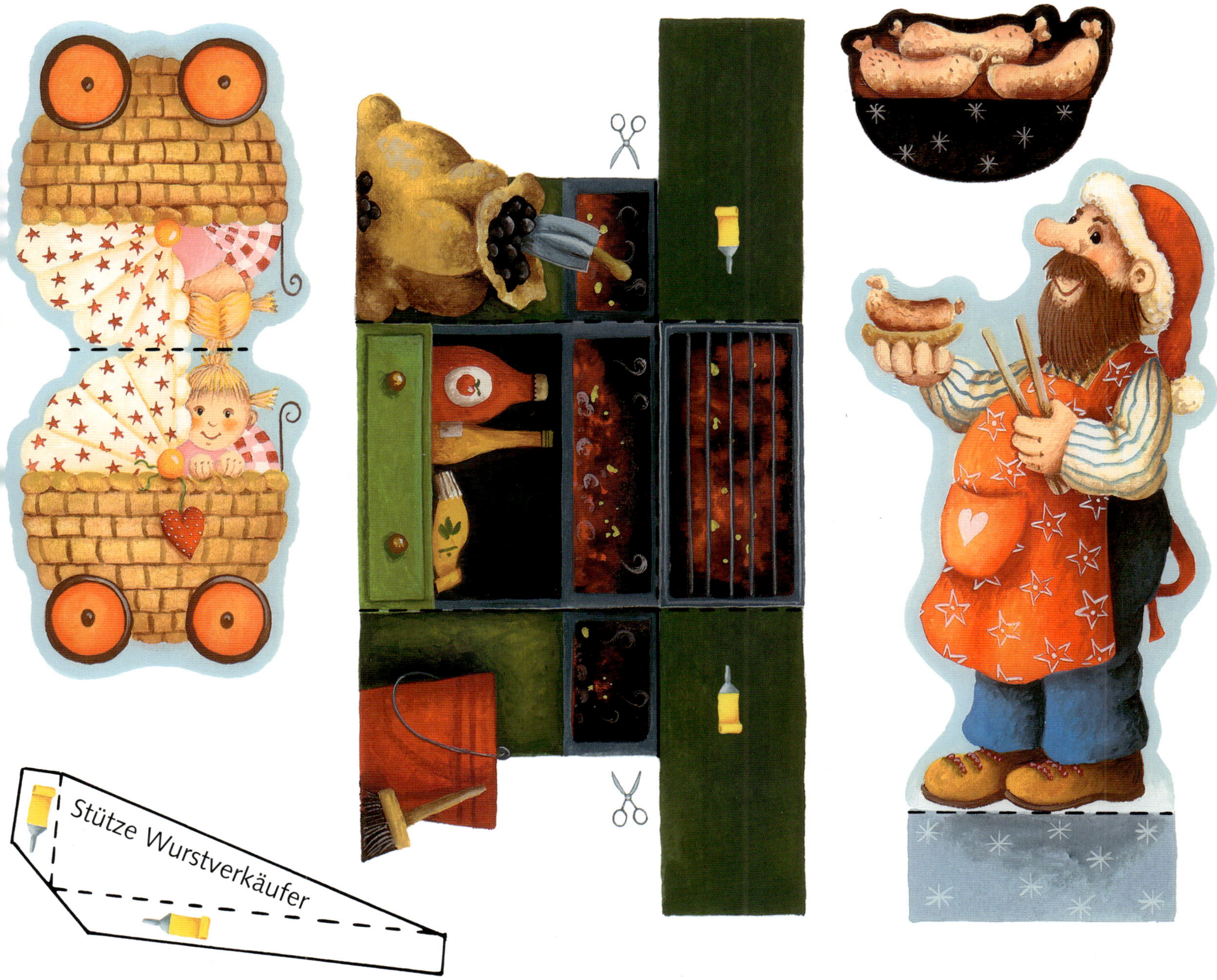
Stütze Wurstverkäufer

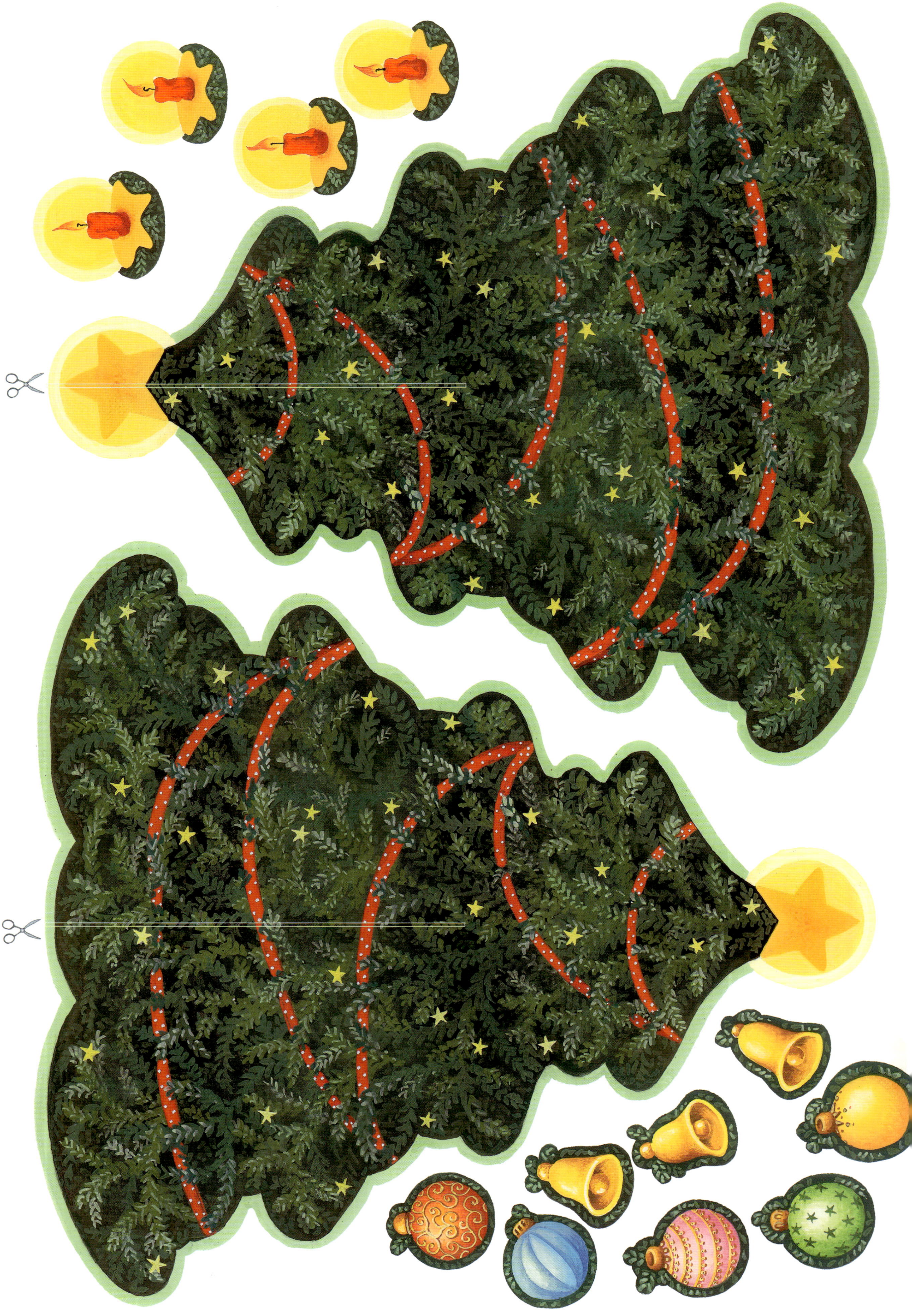

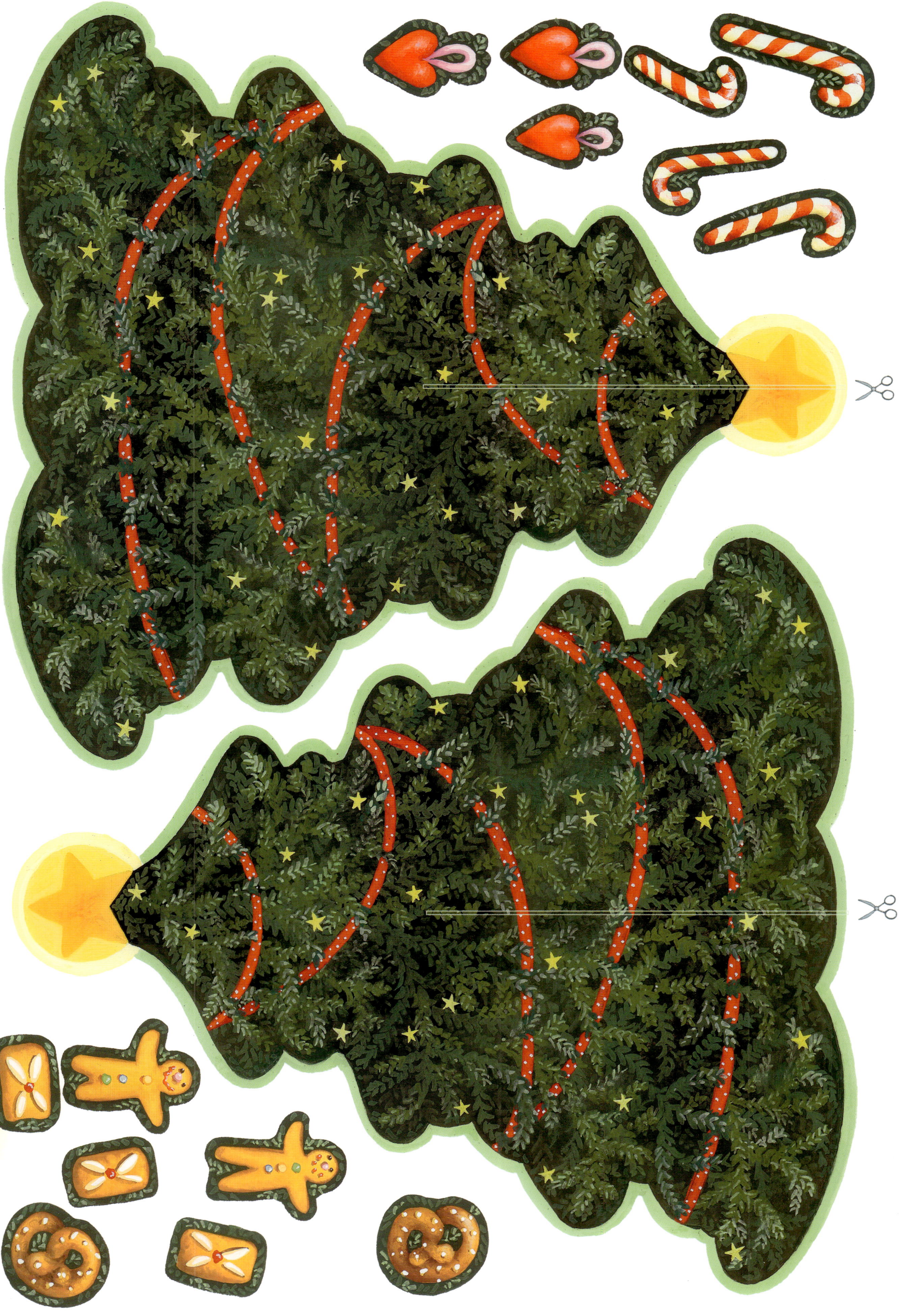

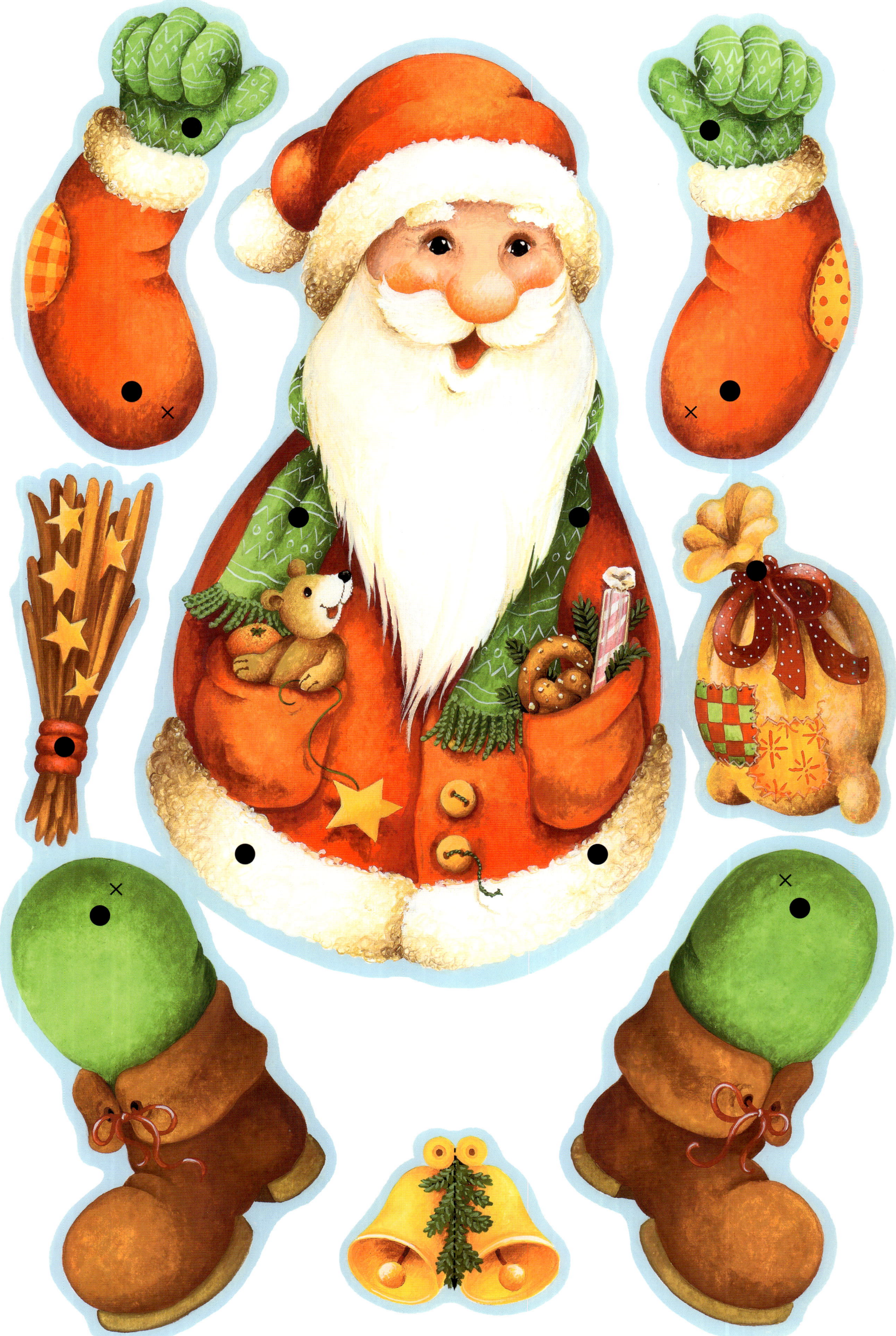